W0082478

THIS FUCKING PLANNER BELONGS TO:

YES...A FUCKING FOOTNOTE IN A SWEARING PLANNER. WE FUCKING HATE THE COVER STICKER, TOO, BUT SOMEEE PEOPLE CALL FOR MODESTY. SO YES, THEY ACTUALLY HAVE TO STICK ON, BUT THEY'RE NOT THAT FUCKING HARD TO REMOVE. GET A DAMN HAIR DRYER OR GOOGLE IT—YOU CAN FUCKING DO IT!

2021 AT A GLANCE

JANUARY 2021

S	M	T	W	T	F	S
					1	2
3	4	5	6	7	8	9
10	11	12	13	14	15	16
17	18	19	20	21	22	23
24/31	25	26	27	28	29	30

FEBRUARY 2021

S	M	T	W	T	F	S
	1	2	3	4	5	6
7	8	9	10	11	12	13
14	15	16	17	18	19	20
21	22	23	24	25	26	27
28						

MARCH 2021

S	M	T	W	T	F	S
	1	2	3	4	5	6
7	8	9	10	11	12	13
14	15	16	17	18	19	20
21	22	23	24	25	26	27
28	29	30	31			

APRIL 2021

S	M	T	W	T	F	S
				1	2	3
4	5	6	7	8	9	10
11	12	13	14	15	16	17
18	19	20	21	22	23	24
25	26	27	28	29	30	

MAY 2021

S	M	T	W	T	F	S
						1
2	3	4	5	6	7	8
9	10	11	12	13	14	15
16	17	18	19	20	21	22
23/30	24/31	25	26	27	28	29

JUNE 2021

S	M	T	W	T	F	S
		1	2	3	4	5
6	7	8	9	10	11	12
13	14	15	16	17	18	19
20	21	22	23	24	25	26
27	28	29	30			

JULY 2021

S	M	T	W	T	F	S
				1	2	3
4	5	6	7	8	9	10
11	12	13	14	15	16	17
18	19	20	21	22	23	24
25	26	27	28	29	30	31

AUGUST 2021

S	M	T	W	T	F	S
1	2	3	4	5	6	7
8	9	10	11	12	13	14
15	16	17	18	19	20	21
22	23	24	25	26	27	28
29	30	31				

SEPTEMBER 2021

S	M	T	W	T	F	S
			1	2	3	4
5	6	7	8	9	10	11
12	13	14	15	16	17	18
19	20	21	22	23	24	25
26	27	28	29	30		

OCTOBER 2021

S	M	T	W	T	F	S
					1	2
3	4	5	6	7	8	9
10	11	12	13	14	15	16
17	18	19	20	21	22	23
24/31	25	26	27	28	29	30

NOVEMBER 2021

S	M	T	W	T	F	S
	1	2	3	4	5	6
7	8	9	10	11	12	13
14	15	16	17	18	19	20
21	22	23	24	25	26	27
28	29	30				

DECEMBER 2021

S	M	T	W	T	F	S
			1	2	3	4
5	6	7	8	9	10	11
12	13	14	15	16	17	18
19	20	21	22	23	24	25
26	27	28	29	30	31	

2022 AT A GLANCE

JANUARY 2022

S	M	T	W	T	F	S
						1
2	3	4	5	6	7	8
9	10	11	12	13	14	15
16	17	18	19	20	21	22
23/30	24/31	25	26	27	28	29

FEBRUARY 2022

S	M	T	W	T	F	S
		1	2	3	4	5
6	7	8	9	10	11	12
13	14	15	16	17	18	19
20	21	22	23	24	25	26
27	28					

MARCH 2022

S	M	T	W	T	F	S
		1	2	3	4	5
6	7	8	9	10	11	12
13	14	15	16	17	18	19
20	21	22	23	24	25	26
27	28	29	30	31		

APRIL 2022

S	M	T	W	T	F	S
					1	2
3	4	5	6	7	8	9
10	11	12	13	14	15	16
17	18	19	20	21	22	23
24	25	26	27	28	29	30

MAY 2022

S	M	T	W	T	F	S
1	2	3	4	5	6	7
8	9	10	11	12	13	14
15	16	17	18	19	20	21
22	23	24	25	26	27	28
29	30	31				

JUNE 2022

S	M	T	W	T	F	S
			1	2	3	4
5	6	7	8	9	10	11
12	13	14	15	16	17	18
19	20	21	22	23	24	25
26	27	28	29	30		

JULY 2022

S	M	T	W	T	F	S
					1	2
3	4	5	6	7	8	9
10	11	12	13	14	15	16
17	18	19	20	21	22	23
24/31	25	26	27	28	29	30

AUGUST 2022

S	M	T	W	T	F	S
	1	2	3	4	5	6
7	8	9	10	11	12	13
14	15	16	17	18	19	20
21	22	23	24	25	26	27
28	29	30	31			

SEPTEMBER 2022

S	M	T	W	T	F	S
				1	2	3
4	5	6	7	8	9	10
11	12	13	14	15	16	17
18	19	20	21	22	23	24
25	26	27	28	29	30	

OCTOBER 2022

S	M	T	W	T	F	S
						1
2	3	4	5	6	7	8
9	10	11	12	13	14	15
16	17	18	19	20	21	22
23/30	24/31	25	26	27	28	29

NOVEMBER 2022

S	M	T	W	T	F	S
		1	2	3	4	5
6	7	8	9	10	11	12
13	14	15	16	17	18	19
20	21	22	23	24	25	26
27	28	29	30			

DECEMBER 2022

S	M	T	W	T	F	S
				1	2	3
4	5	6	7	8	9	10
11	12	13	14	15	16	17
18	19	20	21	22	23	24
25	26	27	28	29	30	31

MONTHLY GOALS. DAMN IT...

ANOTHER FUCKING LIST...

MAKE THIS MONTH YOUR BITCH!

HANDLE
YOUR SHIT.

AUGUST... MOSQUITOES BELONG IN HELL

2021

SUNDAY	MONDAY	TUESDAY
1	2 Summer Bank Holiday (SCT)	3
8	9	10
15	16	17
22	23	24
29	30 Summer Bank Holiday (UK except SCT)	31

WEDNESDAY	THURSDAY	FRIDAY	SATURDAY
4	5	6	7
11	12	13	14
18	19	20	21
25	26	27	28
1	2	3	4

MONDAY

26

GET YOUR SHIT DONE FOR FUCKING REAL THIS TIME

TUESDAY

27

WEDNESDAY

28

THURSDAY

29

FRIDAY

30

SATURDAY

31

SUNDAY

1

SHIT TO REMEMBER:

MONDAY
2

Summer Bank Holiday (SCT)

TUESDAY
3

WEDNESDAY
4

THURSDAY
5

FRIDAY
6

SATURDAY
7

SUNDAY
8

SHIT TO REMEMBER:

AUGUST 2021

S	M	T	W	T	F	S
1	2	3	4	5	6	7
8	9	10	11	12	13	14
15	16	17	18	19	20	21
22	23	24	25	26	27	28
29	30	31				

SEPTEMBER 2021

S	M	T	W	T	F	S
			1	2	3	4
5	6	7	8	9	10	11
12	13	14	15	16	17	18
19	20	21	22	23	24	25
26	27	28	29	30		

MONDAY
9

TUESDAY
10

WEDNESDAY
11

THURSDAY
12

FRIDAY
13

SATURDAY
14

SUNDAY
15

SHIT TO REMEMBER:

AUGUST 2021								SEPTEMBER 2021					
S	M	T	W	T	F	S		S	M	T	W	T	F	S
1	2	3	4	5	6	7					1	2	3	4
8	9	10	11	12	13	14		5	6	7	8	9	10	11
15	16	17	18	19	20	21		12	13	14	15	16	17	18
22	23	24	25	26	27	28		19	20	21	22	23	24	25
29	30	31						26	27	28	29	30		

MONDAY
16

TUESDAY
17

WEDNESDAY
18

THURSDAY
19

FRIDAY
20

SATURDAY
21

SUNDAY
22

SHIT TO REMEMBER:

AUGUST 2021						
S	M	T	W	T	F	S
1	2	3	4	5	6	7
8	9	10	11	12	13	14
15	16	17	18	19	20	21
22	23	24	25	26	27	28
29	30	31				

SEPTEMBER 2021						
S	M	T	W	T	F	S
			1	2	3	4
5	6	7	8	9	10	11
12	13	14	15	16	17	18
19	20	21	22	23	24	25
26	27	28	29	30		

MONDAY
23

TUESDAY
24

WEDNESDAY
25

THURSDAY
26

FRIDAY
27

TIME FOR
SOME EPIC
SUMMER SHIT!

SATURDAY
28

SUNDAY
29

SHIT TO REMEMBER:

AUGUST 2021						
S	M	T	W	T	F	S
1	2	3	4	5	6	7
8	9	10	11	12	13	14
15	16	17	18	19	20	21
22	23	24	25	26	27	28
29	30	31				

SEPTEMBER 2021						
S	M	T	W	T	F	S
			1	2	3	4
5	6	7	8	9	10	11
12	13	14	15	16	17	18
19	20	21	22	23	24	25
26	27	28	29	30		

MONTHLY GOALS. DAMN IT...

ANOTHER FUCKING LIST...

MAKE THIS MONTH YOUR BITCH!

SWEARING IS

FUCKING

CARING

29	30	31
5 Father's Day (AUS, NZ)	6 Labor Day (USA, CAN); Rosh Hashanah begins	7
12	13	14
19	20 Sukkot begins	21
26	27	28

SEPTEMBER...
'TIS THE SEASON TO BE BASIC AS FUCK

2021

WEDNESDAY	THURSDAY	FRIDAY	SATURDAY
1	2	3	4
8	9	10	11 Patriot Day
15 Yom Kippur begins	16	17	18
22 Autumn begins (Northern Hemisphere)	23	24	25
29	30	1	2

MONDAY

30

Summer Bank Holiday (UK except SCT)

TUESDAY

31

WEDNESDAY

1

THURSDAY

2

THREE-DAY FUCKING WEEKEND!

FRIDAY
3

SATURDAY
4

SUNDAY
5

Father's Day (AUS, NZ)

SHIT TO REMEMBER:

SEPTEMBER 2021

S	M	T	W	T	F	S
			1	2	3	4
5	6	7	8	9	10	11
12	13	14	15	16	17	18
19	20	21	22	23	24	25
26	27	28	29	30		

OCTOBER 2021

S	M	T	W	T	F	S
					1	2
3	4	5	6	7	8	9
10	11	12	13	14	15	16
17	18	19	20	21	22	23
24/31	25	26	27	28	29	30

MONDAY
6

Labor Day (USA, CAN); Rosh Hashanah begins

TUESDAY
7

DID NOT FUCKING MISS BACK-TO-SCHOOL SEASON.

WEDNESDAY
8

THURSDAY
9

FRIDAY
10

SATURDAY
11

SUNDAY
12

Patriot Day

SHIT TO REMEMBER:

SEPTEMBER 2021						
S	M	T	W	T	F	S
			1	2	3	4
5	6	7	8	9	10	11
12	13	14	15	16	17	18
19	20	21	22	23	24	25
26	27	28	29	30		

OCTOBER 2021						
S	M	T	W	T	F	S
					1	2
3	4	5	6	7	8	9
10	11	12	13	14	15	16
17	18	19	20	21	22	23
24/31	25	26	27	28	29	30

MONDAY
13

TUESDAY
14

WEDNESDAY
15

Yom Kippur begins

THURSDAY
16

SWEATER WEATHER IS
THE BEST FUCKING WEATHER.

FRIDAY
17

SATURDAY
18

SUNDAY
19

SHIT TO REMEMBER:

SEPTEMBER 2021								OCTOBER 2021					
S	M	T	W	T	F	S	S	M	T	W	T	F	S
			1	2	3	4						1	2
5	6	7	8	9	10	11	3	4	5	6	7	8	9
12	13	14	15	16	17	18	10	11	12	13	14	15	16
19	20	21	22	23	24	25	17	18	19	20	21	22	23
26	27	28	29	30			24/31	25	26	27	28	29	30

MONDAY
20

Sukkot begins

TUESDAY
21

WEDNESDAY
22

BITCH, GO SEE SOME LEAVES AND SHIT.

Autumn begins (Northern Hemisphere)

THURSDAY
23

FRIDAY
24

SATURDAY
25

SUNDAY
26

SHIT TO REMEMBER:

SEPTEMBER 2021

S	M	T	W	T	F	S
			1	2	3	4
5	6	7	8	9	10	11
12	13	14	15	16	17	18
19	20	21	22	23	24	25
26	27	28	29	30		

OCTOBER 2021

S	M	T	W	T	F	S
					1	2
3	4	5	6	7	8	9
10	11	12	13	14	15	16
17	18	19	20	21	22	23
$24/31$	25	26	27	28	29	30

MONDAY
27

TUESDAY
28

WEDNESDAY
29

THURSDAY
30

FRIDAY
1

SATURDAY
2

SUNDAY
3

SHIT TO REMEMBER:

SEPTEMBER 2021

S	M	T	W	T	F	S
			1	2	3	4
5	6	7	8	9	10	11
12	13	14	15	16	17	18
19	20	21	22	23	24	25
26	27	28	29	30		

OCTOBER 2021

S	M	T	W	T	F	S
					1	2
3	4	5	6	7	8	9
10	11	12	13	14	15	16
17	18	19	20	21	22	23
24/31	25	26	27	28	29	30

MONTHLY GOALS. DAMN IT...

ANOTHER FUCKING LIST...

MAKE THIS MONTH YOUR BITCH!

REBEL

WITHOUT

A FUCKING

CAUSE

OCTOBER... BE-FUCKING-WARE

2021

SUNDAY	MONDAY	TUESDAY
26	27	28
3	4	5
10	11 Columbus Day (USA); Thanksgiving Day (CAN)	12
17	18	19
24	25	26
31 Halloween		

WEDNESDAY	THURSDAY	FRIDAY	SATURDAY
29	30	1	2
6	7	8	9
13	14	15	16
20	21	22	23
27	28	29	30

MONDAY
4

TUESDAY
5

<mark>**WITCHES BE CRAZY!**</mark>

WEDNESDAY
6

THURSDAY
7

FRIDAY
8

SATURDAY
9

SUNDAY
10

SHIT TO REMEMBER:

MONDAY
11

Columbus Day (USA); Thanksgiving Day (CAN)

TUESDAY
12

WEDNESDAY
13

THURSDAY
14

FRIDAY
15

SATURDAY
16

SUNDAY
17

SHIT TO REMEMBER:

OCTOBER 2021

S	M	T	W	T	F	S
					1	2
3	4	5	6	7	8	9
10	11	12	13	14	15	16
17	18	19	20	21	22	23
24/31	25	26	27	28	29	30

NOVEMBER 2021

S	M	T	W	T	F	S
	1	2	3	4	5	6
7	8	9	10	11	12	13
14	15	16	17	18	19	20
21	22	23	24	25	26	27
28	29	30				

MONDAY
18

TUESDAY
19

WEDNESDAY
20

THURSDAY
21

FRIDAY
22

SATURDAY
23

SUNDAY
24

OCTOBER 2021						
S	M	T	W	T	F	S
					1	2
3	4	5	6	7	8	9
10	11	12	13	14	15	16
17	18	19	20	21	22	23
24/31	25	26	27	28	29	30

NOVEMBER 2021						
S	M	T	W	T	F	S
	1	2	3	4	5	6
7	8	9	10	11	12	13
14	15	16	17	18	19	20
21	22	23	24	25	26	27
28	29	30				

MONDAY
25

TUESDAY
26

WEDNESDAY
27

THURSDAY
28

EVERYONE PANIC FOR A FUCKING COSTUME!

FRIDAY
29

SATURDAY
30

EAT, DRINK, AND BE SCARY AS FUCK.

SUNDAY
31

Halloween

SHIT TO REMEMBER:

OCTOBER 2021

S	M	T	W	T	F	S
					1	2
3	4	5	6	7	8	9
10	11	12	13	14	15	16
17	18	19	20	21	22	23
24/31	25	26	27	28	29	30

NOVEMBER 2021

S	M	T	W	T	F	S
	1	2	3	4	5	6
7	8	9	10	11	12	13
14	15	16	17	18	19	20
21	22	23	24	25	26	27
28	29	30				

MONTHLY GOALS. DAMN IT...

ANOTHER FUCKING LIST...

MAKE THIS MONTH YOUR BITCH!

NOW OR NEVER

DAMN IT

NOVEMBER... GIVE THANKS AND SHIT

2021

SUNDAY	MONDAY	TUESDAY
31	1	2 Election Day
7 Daylight Saving Time ends (USA, CAN)	8	9
14	15	16
21	22	23
28 Hanukkah begins	29	30 St. Andrew's Day (SCT)

WEDNESDAY	THURSDAY	FRIDAY	SATURDAY
3	4 Diwali begins	5	6
10	11 Veterans Day (USA); Remembrance Day (CAN, UK)	12	13
17	18	19	20
24	25 Thanksgiving Day	26	27
1	2	3	4

MONDAY

1

TUESDAY

2

VOTING IS RAD AS HELL.

Election Day

WEDNESDAY

3

THURSDAY

4

Diwali begins

FRIDAY

5

SATURDAY

6

<mark>THANK FUCK FOR THAT EXTRA HOUR OF SLEEP.</mark>

SUNDAY

7

Daylight Saving Time ends (USA, CAN)

SHIT TO REMEMBER:

<mark>NOVEMBER 2021</mark>

S	M	T	W	T	F	S
	1	2	3	4	5	6
7	8	9	10	11	12	13
14	15	16	17	18	19	20
21	22	23	24	25	26	27
28	29	30				

<mark>DECEMBER 2021</mark>

S	M	T	W	T	F	S
			1	2	3	4
5	6	7	8	9	10	11
12	13	14	15	16	17	18
19	20	21	22	23	24	25
26	27	28	29	30	31	

MONDAY
8

TUESDAY
9

PUT. THE FUCKING. CHRISTMAS. LIGHTS. AWAY. NOT THE TIME.

WEDNESDAY
10

THURSDAY
11

Veterans Day (USA); Remembrance Day (CAN, NZ)

FRIDAY
12

SATURDAY
13

SUNDAY
14

NOVEMBER 2021						
S	M	T	W	T	F	S
	1	2	3	4	5	6
7	8	9	10	11	12	13
14	15	16	17	18	19	20
21	22	23	24	25	26	27
28	29	30				

DECEMBER 2021						
S	M	T	W	T	F	S
			1	2	3	4
5	6	7	8	9	10	11
12	13	14	15	16	17	18
19	20	21	22	23	24	25
26	27	28	29	30	31	

MONDAY
15

TUESDAY
16

WEDNESDAY
17

THURSDAY
18

FRIDAY
19

SATURDAY
20

SUNDAY
21

SHIT TO REMEMBER:

S	M	T	W	T	F	S
	1	2	3	4	5	6
7	8	9	10	11	12	13
14	15	16	17	18	19	20
21	22	23	24	25	26	27
28	29	30				

S	M	T	W	T	F	S
			1	2	3	4
5	6	7	8	9	10	11
12	13	14	15	16	17	18
19	20	21	22	23	24	25
26	27	28	29	30	31	

2021 NOVEMBER

MONDAY
22

TUESDAY
23

WEDNESDAY
24

THURSDAY   IT'S TURKEY DAY, BITCHES!
25

Thanksgiving Day

FRIDAY
26

SATURDAY
27

BITCHES SHINE
BRIGHT!

SUNDAY
28

Hanukkah begins

SHIT TO REMEMBER:

MONTHLY GOALS. DAMN IT...

ANOTHER FUCKING LIST...

MAKE
THIS
MONTH
YOUR
BITCH!

LA-
DI-
FUCKING-
DA

DECEMBER... SON OF A NUTCRACKER

2021

SUNDAY	MONDAY	TUESDAY
28	29	30
5	6	7 Pearl Harbor Day
12	13	14
19	20	21 Winter begins (Northern Hemisphere)
26 Kwanzaa begins; Boxing Day (AUS, CAN, NZ, UK)	27	28

WEDNESDAY	THURSDAY	FRIDAY	SATURDAY
1	2	3	4
8	9	10	11
15	16	17	18
22	23	24 Christmas Eve	25 Christmas Day
29	30	31 New Year's Eve	1

MONDAY
29

TUESDAY
30

St. Andrew's Day (SCT)

WEDNESDAY
1

THURSDAY
2

FRIDAY
3

SATURDAY
4

SUNDAY
5

SHIT TO REMEMBER:

DECEMBER 2021

S	M	T	W	T	F	S
			1	2	3	4
5	6	7	8	9	10	11
12	13	14	15	16	17	18
19	20	21	22	23	24	25
26	27	28	29	30	31	

JANUARY 2022

S	M	T	W	T	F	S
						1
2	3	4	5	6	7	8
9	10	11	12	13	14	15
16	17	18	19	20	21	22
23/30	24/31	25	26	27	28	29

MONDAY
6

MONDAYS ARE BULLSHIT.
GET SOME DAMN COOKIES.

TUESDAY
7

Pearl Harbor Day

WEDNESDAY
8

THURSDAY
9

FRIDAY
10

SATURDAY
11

SUNDAY
12

DECEMBER 2021						
S	M	T	W	T	F	S
			1	2	3	4
5	6	7	8	9	10	11
12	13	14	15	16	17	18
19	20	21	22	23	24	25
26	27	28	29	30	31	

JANUARY 2022						
S	M	T	W	T	F	S
						1
2	3	4	5	6	7	8
9	10	11	12	13	14	15
16	17	18	19	20	21	22
23/30	24/31	25	26	27	28	29

MONDAY
13

TUESDAY
14

WEDNESDAY
15

START YOUR FUCKING HOLIDAY
SHOPPING ALREADY.

THURSDAY
16

FRIDAY
17

SATURDAY
18

SUNDAY
19

SHIT TO REMEMBER:

DECEMBER 2021

S	M	T	W	T	F	S
			1	2	3	4
5	6	7	8	9	10	11
12	13	14	15	16	17	18
19	20	21	22	23	24	25
26	27	28	29	30	31	

JANUARY 2022

S	M	T	W	T	F	S
						1
2	3	4	5	6	7	8
9	10	11	12	13	14	15
16	17	18	19	20	21	22
$^{23}/_{30}$	$^{24}/_{31}$	25	26	27	28	29

MONDAY

20

TUESDAY

21

<mark>OH GOOD, MORE SHIT TO SHOVEL.</mark>

Winter begins (Northern Hemisphere)

WEDNESDAY

22

THURSDAY

23

FRIDAY

24

Christmas Eve

HAPPY FUCKING HOLIDAYS.

SATURDAY

25

Christmas Day

SUNDAY

26

Kwanzaa begins; Boxing Day (AUS, CAN, NZ, UK)

SHIT TO REMEMBER:

DECEMBER 2021						
S	M	T	W	T	F	S
			1	2	3	4
5	6	7	8	9	10	11
12	13	14	15	16	17	18
19	20	21	22	23	24	25
26	27	28	29	30	31	

JANUARY 2022						
S	M	T	W	T	F	S
						1
2	3	4	5	6	7	8
9	10	11	12	13	14	15
16	17	18	19	20	21	22
23/30	24/31	25	26	27	28	29

MONDAY
27

TUESDAY
28

WEDNESDAY
29

THURSDAY
30

FRIDAY
31

New Year's Eve

RESOLUTION #1: DON'T BE AN ASSHOLE.

SATURDAY
1

New Year's Day

THE LAST OF THE DAMN HOLIDAYS. FUCKING FINALLY!

SUNDAY
2

Day after New Year's Day (NZ, SCT)

SHIT TO REMEMBER:

DECEMBER 2021						
S	M	T	W	T	F	S
			1	2	3	4
5	6	7	8	9	10	11
12	13	14	15	16	17	18
19	20	21	22	23	24	25
26	27	28	29	30	31	

JANUARY 2022						
S	M	T	W	T	F	S
						1
2	3	4	5	6	7	8
9	10	11	12	13	14	15
16	17	18	19	20	21	22
23/30	24/31	25	26	27	28	29

MONTHLY GOALS. DAMN IT...

ANOTHER FUCKING LIST...

MAKE THIS MONTH YOUR BITCH!

JUST
FUCKING
GO FOR IT

SUNDAY	MONDAY	TUESDAY
26	27	28
2 Day after New Year's Day (NZ, SCT)	3	4
9	10	11
16 	17 Martin Luther King Jr. Day	18
23	24	25
30	31	

JANUARY... WHERE THE FUCK DID 2021 GO?

2022

WEDNESDAY	THURSDAY	FRIDAY	SATURDAY
29	30	31	1 New Year's Day
5	6	7	8
12	13	14	15
19	20	21	22
26	27	28	29

Australia Day (AUS)

MONDAY

3

TUESDAY

4

WEDNESDAY

5

THURSDAY

6

FRIDAY
7

SATURDAY
8

SUNDAY
9

SHIT TO REMEMBER:

JANUARY 2022

S	M	T	W	T	F	S
						1
2	3	4	5	6	7	8
9	10	11	12	13	14	15
16	17	18	19	20	21	22
23/30	24/31	25	26	27	28	29

FEBRUARY 2022

S	M	T	W	T	F	S
		1	2	3	4	5
6	7	8	9	10	11	12
13	14	15	16	17	18	19
20	21	22	23	24	25	26
27	28					

MONDAY
10

TUESDAY
11

WEDNESDAY
12

THURSDAY
13

IT'S STILL FUCKING FREEZING OUTSIDE.

FRIDAY
14

SATURDAY
15

SUNDAY
16

SHIT TO REMEMBER:

JANUARY 2022

S	M	T	W	T	F	S
						1
2	3	4	5	6	7	8
9	10	11	12	13	14	15
16	17	18	19	20	21	22
23/30	24/31	25	26	27	28	29

FEBRUARY 2022

S	M	T	W	T	F	S
		1	2	3	4	5
6	7	8	9	10	11	12
13	14	15	16	17	18	19
20	21	22	23	24	25	26
27	28					

MONDAY
17

Martin Luther King Jr. Day

TUESDAY
18

WEDNESDAY
19

THURSDAY
20

FRIDAY
21

SATURDAY
22

SUNDAY
23

SHIT TO REMEMBER:

JANUARY 2022

S	M	T	W	T	F	S
						1
2	3	4	5	6	7	8
9	10	11	12	13	14	15
16	17	18	19	20	21	22
23/30	24/31	25	26	27	28	29

FEBRUARY 2022

S	M	T	W	T	F	S
		1	2	3	4	5
6	7	8	9	10	11	12
13	14	15	16	17	18	19
20	21	22	23	24	25	26
27	28					

MONDAY
24

TUESDAY
25

WEDNESDAY
26

Australia Day (AUS)

THURSDAY
27

FRIDAY
28

SATURDAY
29

SUNDAY
30

SHIT TO REMEMBER:

JANUARY 2022

S	M	T	W	T	F	S
						1
2	3	4	5	6	7	8
9	10	11	12	13	14	15
16	17	18	19	20	21	22
23/30	24/31	25	26	27	28	29

FEBRUARY 2022

S	M	T	W	T	F	S
		1	2	3	4	5
6	7	8	9	10	11	12
13	14	15	16	17	18	19
20	21	22	23	24	25	26
27	28					

MONTHLY GOALS. DAMN IT...

ANOTHER FUCKING LIST...

MAKE THIS MONTH YOUR BITCH!

YOU GLORIOUS BASTARD

FEBRUARY... AT LEAST THERE'S FUCKING CHOCOLATE

2022

SUNDAY	MONDAY	TUESDAY
30	31	1 Chinese New Year
6 Waitangi Day (NZ)	7	8
13	14 Valentine's Day	15
20	21 Presidents' Day	22
27	28	1

WEDNESDAY	THURSDAY	FRIDAY	SATURDAY
2 Groundhog Day	**3**	**4**	**5**
9	**10**	**11**	**12** Abraham Lincoln's Birthday
16	**17**	**18**	**19**
23	**24**	**25**	**26**
2	**3**	**4**	**5**

MONDAY
31

TUESDAY
1

Chinese New Year

WEDNESDAY
2

FUCK WHAT THE RODENT SAYS. YOU KNOW THERE'S GOING TO BE MORE WINTER.

Groundhog Day

THURSDAY
3

FRIDAY
4

SATURDAY
5

SUNDAY
6

Waitangi Day (NZ)

SHIT TO REMEMBER:

FEBRUARY 2022

S	M	T	W	T	F	S
		1	2	3	4	5
6	7	8	9	10	11	12
13	14	15	16	17	18	19
20	21	22	23	24	25	26
27	28					

MARCH 2022

S	M	T	W	T	F	S
		1	2	3	4	5
6	7	8	9	10	11	12
13	14	15	16	17	18	19
20	21	22	23	24	25	26
27	28	29	30	31		

MONDAY
7

TUESDAY
8

WEDNESDAY
9

THURSDAY
10

FRIDAY
11

SATURDAY
12

SUNDAY
13

Abraham Lincoln's Birthday

SHIT TO REMEMBER:

FEBRUARY 2022						
S	M	T	W	T	F	S
		1	2	3	4	5
6	7	8	9	10	11	12
13	14	15	16	17	18	19
20	21	22	23	24	25	26
27	28					

MARCH 2022						
S	M	T	W	T	F	S
		1	2	3	4	5
6	7	8	9	10	11	12
13	14	15	16	17	18	19
20	21	22	23	24	25	26
27	28	29	30	31		

2022 FEBRUARY

MONDAY
14

CUPID IS A LYING BASTARD.

Valentine's Day

TUESDAY
15

WEDNESDAY
16

THURSDAY
17

FRIDAY
18

SATURDAY
19

SUNDAY
20

SHIT TO REMEMBER:

FEBRUARY 2022

S	M	T	W	T	F	S
		1	2	3	4	5
6	7	8	9	10	11	12
13	14	15	16	17	18	19
20	21	22	23	24	25	26
27	28					

MARCH 2022

S	M	T	W	T	F	S
		1	2	3	4	5
6	7	8	9	10	11	12
13	14	15	16	17	18	19
20	21	22	23	24	25	26
27	28	29	30	31		

MONDAY

21

IF YOU NEED A MATTRESS, TODAY'S YOUR FUCKING DAY.

Presidents' Day

TUESDAY

22

WEDNESDAY

23

THURSDAY

24

FRIDAY

25

SATURDAY

26

SUNDAY

27

SHIT TO REMEMBER:

FEBRUARY 2022

S	M	T	W	T	F	S
		1	2	3	4	5
6	7	8	9	10	11	12
13	14	15	16	17	18	19
20	21	22	23	24	25	26
27	28					

MARCH 2022

S	M	T	W	T	F	S
		1	2	3	4	5
6	7	8	9	10	11	12
13	14	15	16	17	18	19
20	21	22	23	24	25	26
27	28	29	30	31		

MONTHLY GOALS. DAMN IT...

ANOTHER FUCKING LIST...

MAKE THIS MONTH YOUR BITCH!

SHIT
OUT OF LUCK

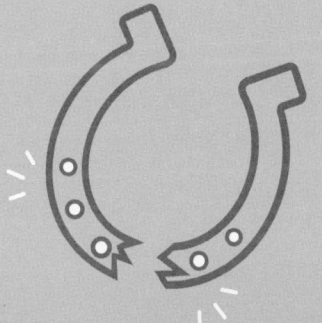

MARCH... CAN IT FUCKING BE SPRING ALREADY?

2022

SUNDAY	MONDAY	TUESDAY
27	28	1
6	7	8 International Women's Day
13 Daylight Saving Time begins (USA, CAN)	14 Public Holiday (AUS: ACT, SA, TAS, VIC)	15
20 Spring begins (Northern Hemisphere)	21	22
27 Mothering Sunday (UK)	28	29

WEDNESDAY	THURSDAY	FRIDAY	SATURDAY
2 Ash Wednesday (Lent begins)	**3**	**4**	**5**
9	**10**	**11**	**12**
16 Purim begins	**17** St. Patrick's Day	**18**	**19**
23	**24**	**25**	**26**
30	**31**	**1**	**2**

MONDAY
28

TUESDAY
1

WEDNESDAY
2

Ash Wednesday (Lent begins)

THURSDAY
3

FRIDAY
4

SATURDAY
5

SUNDAY
6

SHIT TO REMEMBER:

MONDAY
7

TUESDAY
8

FUCK THE PATRIARCHY.

International Women's Day

WEDNESDAY
9

THURSDAY
10

SATURDAY
12

GREAT, ONE LESS
FUCKING HOUR
OF SLEEP.

SUNDAY
13

Daylight Saving Time begins (USA, CAN)

SHIT TO REMEMBER:

MARCH 2022						
S	M	T	W	T	F	S
		1	2	3	4	5
6	7	8	9	10	11	12
13	14	15	16	17	18	19
20	21	22	23	24	25	26
27	28	29	30	31		

APRIL 2022						
S	M	T	W	T	F	S
					1	2
3	4	5	6	7	8	9
10	11	12	13	14	15	16
17	18	19	20	21	22	23
24	25	26	27	28	29	30

MONDAY

14

Public Holiday (AUS: ACT, SA, TAS, VIC)

TUESDAY

15

WEDNESDAY

16

Purim begins

THURSDAY

17   ==LEPRECHAUNS AREN'T FUCKING REAL.==

St. Patrick's Day

SATURDAY
19

FLOWERS AREN'T WORTH THIS ALLERGY SHIT.

SUNDAY
2O

Spring begins (Northern Hemisphere)

SHIT TO REMEMBER:

MARCH 2022						
S	M	T	W	T	F	S
		1	2	3	4	5
6	7	8	9	10	11	12
13	14	15	16	17	18	19
20	21	22	23	24	25	26
27	28	29	30	31		

APRIL 2022						
S	M	T	W	T	F	S
					1	2
3	4	5	6	7	8	9
10	11	12	13	14	15	16
17	18	19	20	21	22	23
24	25	26	27	28	29	30

MONDAY
21

TUESDAY
22

WEDNESDAY
23

THURSDAY
24

FRIDAY
25

SATURDAY
26

SUNDAY
27

Mothering Sunday (UK)

SHIT TO REMEMBER:

MARCH 2022							**APRIL 2022**						
S	M	T	W	T	F	S	S	M	T	W	T	F	S
		1	2	3	4	5						1	2
6	7	8	9	10	11	12	3	4	5	6	7	8	9
13	14	15	16	17	18	19	10	11	12	13	14	15	16
20	21	22	23	24	25	26	17	18	19	20	21	22	23
27	28	29	30	31			24	25	26	27	28	29	30

MONDAY
28

TUESDAY
29

WEDNESDAY
30

THURSDAY
31

FRIDAY
1

April Fools' Day

SATURDAY
2

SUNDAY
3

Ramadan begins

SHIT TO REMEMBER:

MARCH 2022						
S	M	T	W	T	F	S
		1	2	3	4	5
6	7	8	9	10	11	12
13	14	15	16	17	18	19
20	21	22	23	24	25	26
27	28	29	30	31		

APRIL 2022						
S	M	T	W	T	F	S
					1	2
3	4	5	6	7	8	9
10	11	12	13	14	15	16
17	18	19	20	21	22	23
24	25	26	27	28	29	30

MONTHLY GOALS. DAMN IT...

ANOTHER FUCKING LIST...

MAKE THIS MONTH YOUR BITCH!

KEEP
CALM
AND
CARRY
THE FUCK
ON

APRIL... CLOUDY WITH A CHANCE OF BULLSHIT

2022

SUNDAY	MONDAY	TUESDAY
27	28	29
3	4	5
10 Palm Sunday	11	12
17 Easter	18 Tax Day; Easter Monday (AUS, CAN, NZ, UK except SCT)	19
24	25 Anzac Day (AUS, NZ)	26

WEDNESDAY	THURSDAY	FRIDAY	SATURDAY
30	31	1 April Fools' Day	2 Ramadan begins
6	7	8	9
13	14	15 Good Friday; Passover begins	16
20	21	22 Earth Day	23
27	28 Workers' Memorial Day (UK)	29	30

2022 APRIL

MONDAY
4

CLEAN YOUR DAMN HOUSE!

TUESDAY
5

WEDNESDAY
6

THURSDAY
7

FRIDAY
8

SATURDAY
9

SUNDAY
10

Palm Sunday

SHIT TO REMEMBER:

APRIL 2022

S	M	T	W	T	F	S
					1	2
3	4	5	6	7	8	9
10	11	12	13	14	15	16
17	18	19	20	21	22	23
24	25	26	27	28	29	30

MAY 2022

S	M	T	W	T	F	S
1	2	3	4	5	6	7
8	9	10	11	12	13	14
15	16	17	18	19	20	21
22	23	24	25	26	27	28
29	30	31				

2022 APRIL

MONDAY
11

TUESDAY
12

WEDNESDAY
13

THURSDAY
14

FRIDAY
15

Good Friday; Passover begins

SATURDAY
16

SUNDAY
17

Easter

SHIT TO REMEMBER:

APRIL 2022

S	M	T	W	T	F	S
					1	2
3	4	5	6	7	8	9
10	11	12	13	14	15	16
17	18	19	20	21	22	23
24	25	26	27	28	29	30

MAY 2022

S	M	T	W	T	F	S
1	2	3	4	5	6	7
8	9	10	11	12	13	14
15	16	17	18	19	20	21
22	23	24	25	26	27	28
29	30	31				

2022 APRIL

MONDAY
18

Tax Day; Easter Monday (AUS, CAN, NZ, UK except SCT)

TUESDAY
19

WEDNESDAY
20

THURSDAY
21

Earth Day

SATURDAY
23

SUNDAY
24

SHIT TO REMEMBER:

S	M	T	W	T	F	S
					1	2
3	4	5	6	7	8	9
10	11	12	13	14	15	16
17	18	19	20	21	22	23
24	25	26	27	28	29	30

S	M	T	W	T	F	S
1	2	3	4	5	6	7
8	9	10	11	12	13	14
15	16	17	18	19	20	21
22	23	24	25	26	27	28
29	30	31				

MONDAY
25

Anzac Day (AUS, NZ)

TUESDAY
26

WEDNESDAY
27

THURSDAY
28

Workers' Memorial Day (UK)

FRIDAY
29

SATURDAY
30

SUNDAY
1

SHIT TO REMEMBER:

APRIL 2022

S	M	T	W	T	F	S
					1	2
3	4	5	6	7	8	9
10	11	12	13	14	15	16
17	18	19	20	21	22	23
24	25	26	27	28	29	30

MAY 2022

S	M	T	W	T	F	S
1	2	3	4	5	6	7
8	9	10	11	12	13	14
15	16	17	18	19	20	21
22	23	24	25	26	27	28
29	30	31				

MONTHLY GOALS. DAMN IT...

ANOTHER FUCKING LIST...

MAKE
THIS
MONTH
YOUR
BITCH!

ASSHOLE FREE

ZONE

MAY ... FUCKING GRADUATION SEASON (WOO)

2022

SUNDAY	MONDAY	TUESDAY
1	**2** Eid al-Fitr begins	**3**
8 Mother's Day (USA, AUS, CAN, NZ)	**9**	**10**
15	**16**	**17**
22	**23** Victoria Day (CAN)	**24**
29	**30** Memorial Day (USA); Spring Bank Holiday (UK)	**31**

WEDNESDAY	THURSDAY	FRIDAY	SATURDAY
4	5 Cinco de Mayo	6	7
11	12	13	14
18	19	20	21 Armed Forces Day
25	26	27	28
1	2	3	4

MONDAY
2

Eid al-Fitr begins

TUESDAY
3

WEDNESDAY
4

THURSDAY
5

TAKE OFF THE DAMN SOMBRERO.

Cinco de Mayo

FRIDAY

6

SATURDAY

7

TREAT YOUR
MOM LIKE A
FUCKING QUEEN.

SUNDAY

8

Mother's Day (USA, AUS, CAN, NZ)

SHIT TO REMEMBER:

MAY 2022								JUNE 2022					
S	M	T	W	T	F	S	S	M	T	W	T	F	S
1	2	3	4	5	6	7				1	2	3	4
8	9	10	11	12	13	14	5	6	7	8	9	10	11
15	16	17	18	19	20	21	12	13	14	15	16	17	18
22	23	24	25	26	27	28	19	20	21	22	23	24	25
29	30	31					26	27	28	29	30		

MONDAY
9

TUESDAY
10

WEDNESDAY
11

THURSDAY
12

FRIDAY
13

SATURDAY
14

SUNDAY
15

SHIT TO REMEMBER:

MAY 2022						
S	M	T	W	T	F	S
1	2	3	4	5	6	7
8	9	10	11	12	13	14
15	16	17	18	19	20	21
22	23	24	25	26	27	28
29	30	31				

JUNE 2022						
S	M	T	W	T	F	S
			1	2	3	4
5	6	7	8	9	10	11
12	13	14	15	16	17	18
19	20	21	22	23	24	25
26	27	28	29	30		

MONDAY
16

TUESDAY
17

WEDNESDAY
18

THURSDAY
19

Armed Forces Day

SHIT TO REMEMBER:

MAY 2022							JUNE 2022						
S	M	T	W	T	F	S	S	M	T	W	T	F	S
1	2	3	4	5	6	7				1	2	3	4
8	9	10	11	12	13	14	5	6	7	8	9	10	11
15	16	17	18	19	20	21	12	13	14	15	16	17	18
22	23	24	25	26	27	28	19	20	21	22	23	24	25
29	30	31					26	27	28	29	30		

MONDAY
23

Victoria Day (CAN)

TUESDAY
24

WEDNESDAY
25

THURSDAY
26

FRIDAY
27

SATURDAY
28

SUNDAY
29

SHIT TO REMEMBER:

MAY 2022						
S	M	T	W	T	F	S
1	2	3	4	5	6	7
8	9	10	11	12	13	14
15	16	17	18	19	20	21
22	23	24	25	26	27	28
29	30	31				

JUNE 2022						
S	M	T	W	T	F	S
			1	2	3	4
5	6	7	8	9	10	11
12	13	14	15	16	17	18
19	20	21	22	23	24	25
26	27	28	29	30		

MONTHLY GOALS. DAMN IT...

ANOTHER FUCKING LIST...

MAKE THIS MONTH YOUR BITCH!

JUST

FUCKING

PEACHY.

JUNE... SUMMERTIME, AND THE SWEARING'S EASY AS HELL

2022

SUNDAY	MONDAY	TUESDAY
29	30	31
5	6	7
12	13	14 Flag Day
19 Father's Day (USA, CAN, UK); Juneteenth	20	21 Summer begins (Northern Hemisphere)
26	27	28

WEDNESDAY	THURSDAY	FRIDAY	SATURDAY
1	2	3	4 Shavuot begins
8	9	10	11
15	16	17	18
22	23	24	25
29	30	1	2

MONDAY
30

Memorial Day (USA); Spring Bank Holiday (UK)

TUESDAY
31

WEDNESDAY
1

THURSDAY
2

FRIDAY
3

SATURDAY
4

SUNDAY
5

Shavuot begins

SHIT TO REMEMBER:

JUNE 2022							JULY 2022						
S	M	T	W	T	F	S	S	M	T	W	T	F	S
			1	2	3	4						1	2
5	6	7	8	9	10	11	3	4	5	6	7	8	9
12	13	14	15	16	17	18	10	11	12	13	14	15	16
19	20	21	22	23	24	25	17	18	19	20	21	22	23
26	27	28	29	30			$^{24}/_{31}$	25	26	27	28	29	30

MONDAY
6

TUESDAY
7

WEDNESDAY
8

THURSDAY
9

FRIDAY
10

SATURDAY
11

SUNDAY
12

SHIT TO REMEMBER:

JUNE 2022						
S	M	T	W	T	F	S
			1	2	3	4
5	6	7	8	9	10	11
12	13	14	15	16	17	18
19	20	21	22	23	24	25
26	27	28	29	30		

JULY 2022						
S	M	T	W	T	F	S
					1	2
3	4	5	6	7	8	9
10	11	12	13	14	15	16
17	18	19	20	21	22	23
24/31	25	26	27	28	29	30

MONDAY
13

TUESDAY
14

Flag Day

WEDNESDAY
15

THURSDAY
16

FRIDAY
17

SATURDAY
18

NOTE: DADS ARE THE SHIT.

SUNDAY
19

Father's Day (USA, CAN, UK); Juneteenth

SHIT TO REMEMBER:

JUNE 2022						
S	M	T	W	T	F	S
			1	2	3	4
5	6	7	8	9	10	11
12	13	14	15	16	17	18
19	20	21	22	23	24	25
26	27	28	29	30		

JULY 2022						
S	M	T	W	T	F	S
					1	2
3	4	5	6	7	8	9
10	11	12	13	14	15	16
17	18	19	20	21	22	23
24/31	25	26	27	28	29	30

MONDAY
20

TUESDAY
21

==LONGEST. DAY. OF. THE. DAMN. YEAR.==

Summer begins (Northern Hemisphere)

WEDNESDAY
22

THURSDAY
23

FRIDAY
24

SATURDAY
25

SUNDAY
26

SHIT TO REMEMBER:

JUNE 2022

S	M	T	W	T	F	S
			1	2	3	4
5	6	7	8	9	10	11
12	13	14	15	16	17	18
19	20	21	22	23	24	25
26	27	28	29	30		

JULY 2022

S	M	T	W	T	F	S
					1	2
3	4	5	6	7	8	9
10	11	12	13	14	15	16
17	18	19	20	21	22	23
$^{24}/_{31}$	25	26	27	28	29	30

MONDAY
27

TUESDAY
28

WEDNESDAY
29

THURSDAY
30

FRIDAY
1

Canada Day (CAN)

SATURDAY
2

SUNDAY
3

SHIT TO REMEMBER:

JUNE 2022

S	M	T	W	T	F	S
			1	2	3	4
5	6	7	8	9	10	11
12	13	14	15	16	17	18
19	20	21	22	23	24	25
26	27	28	29	30		

JULY 2022

S	M	T	W	T	F	S
					1	2
3	4	5	6	7	8	9
10	11	12	13	14	15	16
17	18	19	20	21	22	23
24/31	25	26	27	28	29	30

MONTHLY GOALS. DAMN IT...

ANOTHER FUCKING LIST...

MAKE THIS MONTH YOUR BITCH!

IT'S A
SHITST💩RM

SUNDAY	MONDAY	TUESDAY
26	27	28
3	4 Independence Day	5
10	11	12 Orangemen's Day—Battle of the Boyne (NIR)
17	18	19
24 / 31	25	26

JULY... GET SOME FUCKING SUNSHINE

2022

WEDNESDAY	THURSDAY	FRIDAY	SATURDAY
29	30	1 Canada Day (CAN)	2
6	7	8	9 Eid al-Adha begins
13	14	15	16
20	21	22	23
27	28	29	30

MONDAY
4

Independence Day

TUESDAY
5

WEDNESDAY
6

THURSDAY
7

FRIDAY
8

SATURDAY
9

SUNDAY
10

Eid al-Adha begins

SHIT TO REMEMBER:

JULY 2022

S	M	T	W	T	F	S
					1	2
3	4	5	6	7	8	9
10	11	12	13	14	15	16
17	18	19	20	21	22	23
24/31	25	26	27	28	29	30

AUGUST 2022

S	M	T	W	T	F	S
	1	2	3	4	5	6
7	8	9	10	11	12	13
14	15	16	17	18	19	20
21	22	23	24	25	26	27
28	29	30	31			

MONDAY
11

TUESDAY
12

Orangemen's Day—Battle of the Boyne (NIR)

WEDNESDAY
13

THURSDAY
14

FRIDAY
15

SATURDAY
16

SUNDAY
17

SHIT TO REMEMBER:

S	M	T	W	T	F	S
					1	2
3	4	5	6	7	8	9
10	11	12	13	14	15	16
17	18	19	20	21	22	23
24/31	25	26	27	28	29	30

S	M	T	W	T	F	S
	1	2	3	4	5	6
7	8	9	10	11	12	13
14	15	16	17	18	19	20
21	22	23	24	25	26	27
28	29	30	31			

MONDAY
18

TUESDAY
19

WEDNESDAY
20

THURSDAY
21

FRIDAY
22

SATURDAY
23

SUNDAY
24

SHIT TO REMEMBER:

JULY 2022

S	M	T	W	T	F	S
					1	2
3	4	5	6	7	8	9
10	11	12	13	14	15	16
17	18	19	20	21	22	23
24/31	25	26	27	28	29	30

AUGUST 2022

S	M	T	W	T	F	S
	1	2	3	4	5	6
7	8	9	10	11	12	13
14	15	16	17	18	19	20
21	22	23	24	25	26	27
28	29	30	31			

MONDAY
25

TUESDAY
26

BRING ON THOSE SEXY-AS-HELL WATCH TANS!

WEDNESDAY
27

THURSDAY
28

FRIDAY
29

SATURDAY
30

SUNDAY
31

SHIT TO REMEMBER:

JULY 2022

S	M	T	W	T	F	S
					1	2
3	4	5	6	7	8	9
10	11	12	13	14	15	16
17	18	19	20	21	22	23
24/31	25	26	27	28	29	30

AUGUST 2022

S	M	T	W	T	F	S
	1	2	3	4	5	6
7	8	9	10	11	12	13
14	15	16	17	18	19	20
21	22	23	24	25	26	27
28	29	30	31			

MONTHLY GOALS. DAMN IT...

ANOTHER FUCKING LIST...

MAKE THIS MONTH YOUR BITCH!

NO
FUCKING
PROBLEM...

31	**1**	**2**
	Summer Bank Holiday (SCT)	
7	**8**	**9**
14	**15**	**16**
21	**22**	**23**
28	**29**	**30**
	Summer Bank Holiday (UK except SCT)	

AUGUST... HOT FUCKING MESS

2022

WEDNESDAY	THURSDAY	FRIDAY	SATURDAY
3	4	5	6
10	11	12	13
17	18	19	20
24	25	26	27
31	1	2	3

MONDAY
1

Summer Bank Holiday (SCT)

TUESDAY
2

WEDNESDAY
3

THURSDAY
4

FRIDAY
5

SATURDAY
6

==**NAMA-STAY THE FUCK IN BED.**==

SUNDAY
7

==**AUGUST 2022**==

S	M	T	W	T	F	S
	1	2	3	4	5	6
7	8	9	10	11	12	13
14	15	16	17	18	19	20
21	22	23	24	25	26	27
28	29	30	31			

SEPTEMBER 2022

S	M	T	W	T	F	S
				1	2	3
4	5	6	7	8	9	10
11	12	13	14	15	16	17
18	19	20	21	22	23	24
25	26	27	28	29	30	

MONDAY
8

TUESDAY
9

WEDNESDAY
10

THURSDAY
11

FRIDAY

12

SATURDAY

13

SUNDAY

14

SHIT TO REMEMBER:

AUGUST 2022

S	M	T	W	T	F	S
	1	2	3	4	5	6
7	8	9	10	11	12	13
14	15	16	17	18	19	20
21	22	23	24	25	26	27
28	29	30	31			

SEPTEMBER 2022

S	M	T	W	T	F	S
				1	2	3
4	5	6	7	8	9	10
11	12	13	14	15	16	17
18	19	20	21	22	23	24
25	26	27	28	29	30	

MONDAY

15

TUESDAY

16

WEDNESDAY

17

THURSDAY

18

FRIDAY
19

SATURDAY
20

SUNDAY
21

SHIT TO REMEMBER:

AUGUST 2022

S	M	T	W	T	F	S
	1	2	3	4	5	6
7	8	9	10	11	12	13
14	15	16	17	18	19	20
21	22	23	24	25	26	27
28	29	30	31			

SEPTEMBER 2022

S	M	T	W	T	F	S
				1	2	3
4	5	6	7	8	9	10
11	12	13	14	15	16	17
18	19	20	21	22	23	24
25	26	27	28	29	30	

MONDAY
22

TUESDAY
23

WEDNESDAY   HELL YEAH, HUMP DAAAYYY!
24

THURSDAY
25

FRIDAY
26

SATURDAY
27

SUNDAY
28

AUGUST 2022							SEPTEMBER 2022						
S	M	T	W	T	F	S	S	M	T	W	T	F	S
	1	2	3	4	5	6					1	2	3
7	8	9	10	11	12	13	4	5	6	7	8	9	10
14	15	16	17	18	19	20	11	12	13	14	15	16	17
21	22	23	24	25	26	27	18	19	20	21	22	23	24
28	29	30	31				25	26	27	28	29	30	

MONTHLY GOALS. DAMN IT...

ANOTHER FUCKING LIST...

MAKE THIS MONTH YOUR BITCH!

TAKE

A FUCKING

 PILL

SEPTEMBER... 2022

AUTUMN'S BACK, ASSHOLES!

SUNDAY	MONDAY	TUESDAY
28	29	30
4 Father's Day (AUS, NZ)	5 Labor Day (USA, CAN)	6
11 Patriot Day	12	13
18	19	20
25 Rosh Hashanah begins	26	27

WEDNESDAY	THURSDAY	FRIDAY	SATURDAY
31	1	2	3
7	8	9	10
14	15	16	17
21	22	23	24
28	29	30 Autumn begins (Northern Hemisphere)	1

MONDAY

29

Summer Bank Holiday (UK except SCT)

TUESDAY

30

WEDNESDAY

31

THURSDAY

1

FRIDAY
2

SATURDAY
3

SUNDAY
4

Father's Day (AUS, NZ)

SHIT TO REMEMBER:

SEPTEMBER 2022

S	M	T	W	T	F	S
				1	2	3
4	5	6	7	8	9	10
11	12	13	14	15	16	17
18	19	20	21	22	23	24
25	26	27	28	29	30	

OCTOBER 2022

S	M	T	W	T	F	S
						1
2	3	4	5	6	7	8
9	10	11	12	13	14	15
16	17	18	19	20	21	22
$^{23}/_{30}$ $^{24}/_{31}$	25	26	27	28	29	

MONDAY
5

Labor Day (USA, CAN)

TUESDAY
6

WEDNESDAY
7

THURSDAY
8

FRIDAY
9

SATURDAY
10

SUNDAY
11

Patriot Day

SHIT TO REMEMBER:

SEPTEMBER 2022

S	M	T	W	T	F	S
				1	2	3
4	5	6	7	8	9	10
11	12	13	14	15	16	17
18	19	20	21	22	23	24
25	26	27	28	29	30	

OCTOBER 2022

S	M	T	W	T	F	S
						1
2	3	4	5	6	7	8
9	10	11	12	13	14	15
16	17	18	19	20	21	22
$^{23}/_{30}$ $^{24}/_{31}$	25	26	27	28	29	

MONDAY
12

TUESDAY
13

WEDNESDAY
14

THURSDAY
15

FRIDAY
16

SATURDAY
17

SUNDAY
18

SHIT TO REMEMBER:

SEPTEMBER 2022

S	M	T	W	T	F	S
				1	2	3
4	5	6	7	8	9	10
11	12	13	14	15	16	17
18	19	20	21	22	23	24
25	26	27	28	29	30	

OCTOBER 2022

S	M	T	W	T	F	S
						1
2	3	4	5	6	7	8
9	10	11	12	13	14	15
16	17	18	19	20	21	22
23/30	24/31	25	26	27	28	29

MONDAY
19

TUESDAY
20

WEDNESDAY
21

THURSDAY
22

FRIDAY
23

Autumn begins (Northern Hemisphere)

SATURDAY
24

SUNDAY
25

Rosh Hashanah begins

SHIT TO REMEMBER:

SEPTEMBER 2022

S	M	T	W	T	F	S
				1	2	3
4	5	6	7	8	9	10
11	12	13	14	15	16	17
18	19	20	21	22	23	24
25	26	27	28	29	30	

OCTOBER 2022

S	M	T	W	T	F	S
						1
2	3	4	5	6	7	8
9	10	11	12	13	14	15
16	17	18	19	20	21	22
$^{23}/_{30}$	$^{24}/_{31}$	25	26	27	28	29

MONDAY
26

WAKE ME UP WHEN SEPTEMBER
FUCKING ENDS.

TUESDAY
27

WEDNESDAY
28

THURSDAY
29

FRIDAY
30

SATURDAY
1

SUNDAY
2

SHIT TO REMEMBER:

SEPTEMBER 2022

S	M	T	W	T	F	S
				1	2	3
4	5	6	7	8	9	10
11	12	13	14	15	16	17
18	19	20	21	22	23	24
25	26	27	28	29	30	

OCTOBER 2022

S	M	T	W	T	F	S
						1
2	3	4	5	6	7	8
9	10	11	12	13	14	15
16	17	18	19	20	21	22
23/30	24/31	25	26	27	28	29

MONTHLY GOALS. DAMN IT...

ANOTHER FUCKING LIST...

MAKE THIS MONTH YOUR BITCH!

DAMN IT ALL TO HELL

OCTOBER... CREEP IT FUCKING REAL

2022

SUNDAY	MONDAY	TUESDAY
25	26	27
2	3	4 Yom Kippur begins
9 Sukkot begins	10 Columbus Day (USA); Thanksgiving Day (CAN)	11
16	17	18
23	24 Diwali begins	25
30	31 Halloween	

WEDNESDAY	THURSDAY	FRIDAY	SATURDAY
28	29	30	1
5	6	7	8
12	13	14	15
19	20	21	22
26	27	28	29

MONDAY
3

TUESDAY
4

Yom Kippur begins

WEDNESDAY
5

THURSDAY
6

FRIDAY
7

SATURDAY
8

SUNDAY
9

Sukkot begins

SHIT TO REMEMBER:

OCTOBER 2022

S	M	T	W	T	F	S
						1
2	3	4	5	6	7	8
9	10	11	12	13	14	15
16	17	18	19	20	21	22
$^{23}/_{30}$ $^{24}/_{31}$	25	26	27	28	29	

NOVEMBER 2022

S	M	T	W	T	F	S
		1	2	3	4	5
6	7	8	9	10	11	12
13	14	15	16	17	18	19
20	21	22	23	24	25	26
27	28	29	30			

MONDAY

10

Columbus Day (USA); Thanksgiving Day (CAN)

TUESDAY

11

WEDNESDAY

12

THURSDAY

13

FRIDAY
14

SATURDAY
15

SUNDAY
16

SHIT TO REMEMBER:

MONDAY
17

TUESDAY
18

WEDNESDAY
19

THURSDAY
20

SATURDAY
22

SUNDAY
23

SHIT TO REMEMBER:

OCTOBER 2022							NOVEMBER 2022						
S	M	T	W	T	F	S	S	M	T	W	T	F	S
						1			1	2	3	4	5
2	3	4	5	6	7	8	6	7	8	9	10	11	12
9	10	11	12	13	14	15	13	14	15	16	17	18	19
16	17	18	19	20	21	22	20	21	22	23	24	25	26
23/30	24/31	25	26	27	28	29	27	28	29	30			

MONDAY
24

Diwali begins

TUESDAY
25

WEDNESDAY
26

THURSDAY
27

FRIDAY
28

SATURDAY
29

SUNDAY
30

SHIT TO REMEMBER:

OCTOBER 2022							NOVEMBER 2022						
S	M	T	W	T	F	S	S	M	T	W	T	F	S
						1			1	2	3	4	5
2	3	4	5	6	7	8	6	7	8	9	10	11	12
9	10	11	12	13	14	15	13	14	15	16	17	18	19
16	17	18	19	20	21	22	20	21	22	23	24	25	26
23/30	24/31	25	26	27	28	29	27	28	29	30			

ANOTHER FUCKING LIST...

MAKE THIS MONTH YOUR BITCH!

IDK.

IDC.

IDGAF.

NOVEMBER... SPICE THAT SHIT UP!

2022

SUNDAY	MONDAY	TUESDAY
30	31	1
6 Daylight Saving Time ends (USA, CAN)	7	8 Election Day
13	14	15
20	21	22
27	28	29

WEDNESDAY	THURSDAY	FRIDAY	SATURDAY
2	3	4	5
9	10	11 Veterans Day (USA); Remembrance Day (CAN, UK)	12
16	17	18	19
23	24 Thanksgiving Day	25	26
30 St. Andrew's Day (SCT)	1	2	3

MONDAY
31

TREAT YOUR BADASS SELF!

Halloween

TUESDAY
1

WEDNESDAY
2

THURSDAY
3

SATURDAY
5

ANOTHER HOUR
OF SLEEP.
YOU EARNED
THAT SHIT!

Daylight Saving Time ends (USA, CAN)

SHIT TO REMEMBER:

NOVEMBER 2022							DECEMBER 2022						
S	M	T	W	T	F	S	S	M	T	W	T	F	S
		1	2	3	4	5					1	2	3
6	7	8	9	10	11	12	4	5	6	7	8	9	10
13	14	15	16	17	18	19	11	12	13	14	15	16	17
20	21	22	23	24	25	26	18	19	20	21	22	23	24
27	28	29	30				25	26	27	28	29	30	31

MONDAY

7

TUESDAY

8

<mark>GET OFF YOUR ASS AND VOTE!</mark>

Election Day

WEDNESDAY

9

THURSDAY

10

FRIDAY
11

Veterans Day (USA); Remembrance Day (CAN, NZ)

SATURDAY
12

SUNDAY
13

SHIT TO REMEMBER:

NOVEMBER 2022

S	M	T	W	T	F	S
		1	2	3	4	5
6	7	8	9	10	11	12
13	14	15	16	17	18	19
20	21	22	23	24	25	26
27	28	29	30			

DECEMBER 2022

S	M	T	W	T	F	S
				1	2	3
4	5	6	7	8	9	10
11	12	13	14	15	16	17
18	19	20	21	22	23	24
25	26	27	28	29	30	31

MONDAY
14

TUESDAY
15

WEDNESDAY
16

THURSDAY
17

FRIDAY
18

SATURDAY
19

SUNDAY
20

SHIT TO REMEMBER:

NOVEMBER 2022

S	M	T	W	T	F	S
		1	2	3	4	5
6	7	8	9	10	11	12
13	14	15	16	17	18	19
20	21	22	23	24	25	26
27	28	29	30			

DECEMBER 2022

S	M	T	W	T	F	S
				1	2	3
4	5	6	7	8	9	10
11	12	13	14	15	16	17
18	19	20	21	22	23	24
25	26	27	28	29	30	31

2022 NOVEMBER

MONDAY
21

TUESDAY
22

WEDNESDAY
23

THURSDAY   THANK-FULLLLLL AS FUCK.
24

Thanksgiving Day

FRIDAY
25

SATURDAY
26

SUNDAY
27

SHIT TO REMEMBER:

NOVEMBER 2022								DECEMBER 2022					
S	M	T	W	T	F	S		S	M	T	W	T	F	S
		1	2	3	4	5						1	2	3
6	7	8	9	10	11	12		4	5	6	7	8	9	10
13	14	15	16	17	18	19		11	12	13	14	15	16	17
20	21	22	23	24	25	26		18	19	20	21	22	23	24
27	28	29	30					25	26	27	28	29	30	31

MONTHLY GOALS. DAMN IT...

ANOTHER FUCKING LIST...

MAKE
THIS
MONTH
YOUR
BITCH!

FUCKING FINALLY.

DECEMBER...

JOY TO THE FUCKING WORLD

2022

SUNDAY	MONDAY	TUESDAY
27	28	29
4	5	6
11	12	13
18	19	20
Hanukkah begins		
25	26	27
Christmas Day	Kwanzaa begins; Boxing Day (AUS, CAN, NZ, UK)	

WEDNESDAY	THURSDAY	FRIDAY	SATURDAY
30	1	2	3
7 Pearl Harbor Day	8	9	10
14	15	16	17
21 Winter begins (Northern Hemisphere)	22	23	24 Christmas Eve
28	29	30	31 New Year's Eve

MONDAY
28

TUESDAY
29

WEDNESDAY
30

St. Andrew's Day (SCT)

THURSDAY
1

FRIDAY
2

SATURDAY
3

SUNDAY
4

SHIT TO REMEMBER:

DECEMBER 2022

S	M	T	W	T	F	S
				1	2	3
4	5	6	7	8	9	10
11	12	13	14	15	16	17
18	19	20	21	22	23	24
25	26	27	28	29	30	31

JANUARY 2023

S	M	T	W	T	F	S
1	2	3	4	5	6	7
8	9	10	11	12	13	14
15	16	17	18	19	20	21
22	23	24	25	26	27	28
29	30	31				

MONDAY
5

HO, HO, HOLY SHIT I NEED COFFEE.

TUESDAY
6

WEDNESDAY
7

Pearl Harbor Day

THURSDAY
8

SATURDAY
10

SUNDAY
11

SHIT TO REMEMBER:

DECEMBER 2022

S	M	T	W	T	F	S
				1	2	3
4	5	6	7	8	9	10
11	12	13	14	15	16	17
18	19	20	21	22	23	24
25	26	27	28	29	30	31

JANUARY 2023

S	M	T	W	T	F	S
1	2	3	4	5	6	7
8	9	10	11	12	13	14
15	16	17	18	19	20	21
22	23	24	25	26	27	28
29	30	31				

MONDAY
12

TUESDAY
13

WEDNESDAY
14

THURSDAY
15

FRIDAY
16

SATURDAY
17

THAT'S HOW I FUCKING ROLL.

SUNDAY
18

Hanukkah begins

SHIT TO REMEMBER:

MONDAY
19

TUESDAY
20

WEDNESDAY
21

BABY, IT'S COLD AS SHIT OUTSIDE.

Winter begins (Northern Hemisphere)

THURSDAY
22

FRIDAY
23

SATURDAY
24

MERRY CHRISTMAS, YA FUCKING FILTHY ANIMAL!

SUNDAY
25

Christmas Eve

Christmas Day

SHIT TO REMEMBER:

DECEMBER 2022

S	M	T	W	T	F	S
				1	2	3
4	5	6	7	8	9	10
11	12	13	14	15	16	17
18	19	20	21	22	23	24
25	26	27	28	29	30	31

JANUARY 2023

S	M	T	W	T	F	S
1	2	3	4	5	6	7
8	9	10	11	12	13	14
15	16	17	18	19	20	21
22	23	24	25	26	27	28
29	30	31				

MONDAY
26

Kwanzaa begins; Boxing Day (AUS, CAN, NZ, UK)

TUESDAY
27

WEDNESDAY
28

THURSDAY
29

FRIDAY

30

CONGRATS! DO IT ALL AGAIN NEXT FUCKING YEAR.

SATURDAY

31

SUNDAY

1

New Year's Eve

New Year's Day

SHIT TO REMEMBER:

DECEMBER 2022

S	M	T	W	T	F	S
				1	2	3
4	5	6	7	8	9	10
11	12	13	14	15	16	17
18	19	20	21	22	23	24
25	26	27	28	29	30	31

JANUARY 2023

S	M	T	W	T	F	S
1	2	3	4	5	6	7
8	9	10	11	12	13	14
15	16	17	18	19	20	21
22	23	24	25	26	27	28
29	30	31				

NOTES AND SHIT

Copyright © 2021 by Sourcebooks
Cover and internal design © 2021 by Sourcebooks
Cover and internal design by Brittany Vibbert/Sourcebooks
Internal images © (page 95) maspao/Noun Project, (page 147) IconsGhost/Noun Project, (page 171) Three Six Five/Noun Project via CC 4.0

Sourcebooks and the colophon are registered trademarks of Sourcebooks.

All rights reserved. No part of this planner may be reproduced in any form or by any electronic or mechanical means including information storage and retrieval systems—except in the case of brief quotations embodied in critical articles or reviews—without permission in writing from its publisher, Sourcebooks.

All trademarks and copyrights are acknowledged as being the properties of their respective owners and no sponsorship, affiliation, or endorsement is claimed or implied.

Jewish and Muslim holidays begin at sundown.

Published by Sourcebooks
P.O. Box 4410, Naperville, Illinois 60567-4410
(630) 961-3900
sourcebooks.com

Printed and bound in Singapore.
OGP 10 9 8 7 6 5 4 3 2 1

PAY YOUR FUCKING BILLS $ (×5)

PAYDAY, BITCHES (grid)

SHIT'S DUE (×9)

FIX YOUR SHIT (×9)

DAMN PLANS (grid)

SOMEONE'S FUCKING BIRTHDAY (grid)

FUCKING DOCTOR (×9)

PARTY TIME, BITCHES (×9)

VACATION: ABOUT DAMN TIME (×9)

ANOTHER SHITTY MEETING (×9)

PAY YOUR FUCKING BILLS $
PAY YOUR FUCKING BILLS $
PAY YOUR FUCKING BILLS $
PAY YOUR FUCKING BILLS $
PAY YOUR FUCKING BILLS $

PAY YOUR FUCKING BILLS $
PAY YOUR FUCKING BILLS $
PAY YOUR FUCKING BILLS $
PAY YOUR FUCKING BILLS $

PAYDAY, BITCHES (×45)

SHIT'S DUE (×9)

FIX YOUR SHIT (×9)

DAMN PLANS (×18)

SOMEONE'S FUCKING BIRTHDAY (×27)

ANOTHER SHITTY MEETING (×27)

A FUCKING DAY OFF
A FUCKING DAY OFF
A FUCKING DAY OFF
A FUCKING DAY OFF
A FUCKING DAY OFF
A FUCKING DAY OFF
A FUCKING DAY OFF
A FUCKING DAY OFF

FUCK THIS	HOLY HELL	GO TO HELL
HOLY HELL	FUCK THIS	FUCK OFF
FUCK THIS	FUCK OFF	GO TO HELL
HOLY HELL	FUCK THIS	FUCK OFF

MAKE IT FUCKING HAPPEN	FRESH BULLSHIT SERVED DAILY	MAKE TODAY YOUR BITCH	CLEAN YOUR SHIT UP
MAKE IT FUCKING HAPPEN	FRESH BULLSHIT SERVED DAILY	MAKE TODAY YOUR BITCH	CLEAN YOUR SHIT UP
MAKE IT FUCKING HAPPEN	FRESH BULLSHIT SERVED DAILY	MAKE TODAY YOUR BITCH	CLEAN YOUR SHIT UP
MAKE IT FUCKING HAPPEN	FRESH BULLSHIT SERVED DAILY	MAKE TODAY YOUR BITCH	CLEAN YOUR SHIT UP